Kamran Shaukat
Sana Zaheer
Usman Shaukat

Desempenho dos alunos: Uma Perspetiva de Exploração de Dados

Kamran Shaukat
Sana Zaheer
Usman Shaukat

Desempenho dos alunos: Uma Perspetiva de Exploração de Dados

ScienciaScripts

Imprint
Any brand names and product names mentioned in this book are subject to trademark, brand or patent protection and are trademarks or registered trademarks of their respective holders. The use of brand names, product names, common names, trade names, product descriptions etc. even without a particular marking in this work is in no way to be construed to mean that such names may be regarded as unrestricted in respect of trademark and brand protection legislation and could thus be used by anyone.

Cover image: www.ingimage.com

This book is a translation from the original published under ISBN 978-620-2-02401-3.

Publisher:
Sciencia Scripts
is a trademark of
Dodo Books Indian Ocean Ltd. and OmniScriptum S.R.L publishing group

120 High Road, East Finchley, London, N2 9ED, United Kingdom
Str. Armeneasca 28/1, office 1, Chisinau MD-2012, Republic of Moldova, Europe
Printed at: see last page
ISBN: 978-620-7-74657-6

CAPÍTULO 1

INTRODUÇÃO

As tecnologias da informação (TI) mostraram em vários domínios como a enorme quantidade de informação pode ser armazenada numa variedade de formatos, tais como documentação, gravações, vídeos, som, informação científica e muitos novos formatos de informação. A informação, que é composta por várias aplicações da vida real, é extraída de enormes quantidades de dados utilizando técnicas adequadas para melhorar a tomada de decisões. A descoberta de conhecimentos (KDD) e a extração de dados (DM) é um domínio vasto que se centra nos métodos de extração de informações funcionais a partir dos factos, existindo numerosas ferramentas valiosas de descoberta de conhecimentos para extrair os factos.

A DM é um método utilizado para fins de aprendizagem com o objetivo de melhorar a compreensão e os conhecimentos dos alunos. Centra-se no reconhecimento, extração e cálculo de dados relacionados com o processo de aprendizagem e na melhoria do desempenho dos alunos (Alaa el-Halees, et al., 2009). O principal objetivo da DM é aplicar vários algoritmos e procedimentos para identificar e processar amostras de dados armazenados (U. Fayadd, et al., 1996). As técnicas de DM são utilizadas para processar uma grande quantidade de informação para identificar amostras ofuscadas e associações que são úteis para encontrar resultados (Connolly, et al., 1999).

Com a ajuda destes métodos, é possível determinar a singularidade do desempenho dos alunos e utilizar essa individualidade para previsões futuras. A extração de dados é geralmente reconhecida como KDD na base de dados, que se destina a identificar e a extrair informações de uma enorme quantidade de informações. As funções de DM e KDD têm estado no centro das atenções devido ao seu impacto na tomada de decisões e tornaram-se uma parte importante em vários domínios. Há muitos factos que são extraídos no processo de KDD e que a preservação de utilizados para melhorar a excelência da aprendizagem, no entanto, as organizações educativas não utilizam todas as abordagens do método KDD para a informação. Atualmente, os estudantes dispõem de uma grande quantidade de informação na qual se escondem factos valiosos. Os métodos de DM podem ajudar a descobrir esses factos ocultos.

A exploração mineira no domínio da educação é conhecida por EDM, que se dedica à investigação das técnicas mais recentes de aprendizagem de informações no domínio da educação. A EDM diz respeito ao método crescente de extração de informação de factos no ambiente educativo. A EDM é aplicada para descobrir e melhorar os métodos de aprendizagem que podem desenvolver o processo de produção de resultados (Erdogan, et al., 2004).

O desempenho dos estudantes desempenha um papel importante na formação de licenciados e pós-graduados de excelência, que se revelarão grandes líderes e trabalhadores para um Estado que é tão importante para o progresso financeiro e comunitário do país. O comportamento dos estudantes universitários não é apenas uma preocupação para os administradores e educadores, mas também para as empresas no mercado. Assim, o DM estabelece numerosas tarefas que podem ser utilizadas para analisar o desempenho dos estudantes.

Neste estudo, propomos métodos de DM para analisar o desempenho dos alunos. A DM oferece muitas oportunidades para melhorar o desempenho dos alunos. Atualmente, os estudantes dispõem de enormes conjuntos de dados nos quais se escondem informações valiosas. Para obter informações úteis a partir destes enormes conjuntos de dados, é necessário encontrar informações ocultas utilizando várias técnicas de MD.

Objetivo da investigação

A EDM é um domínio emergente que está a procurar cada vez mais técnicas para descobrir os diferentes tipos de informação que podem ser analisados para fins de aprendizagem e há muitos métodos que podem ser utilizados para o desempenho dos alunos. O princípio desta investigação é o de estudar o desempenho dos alunos através de diferentes atributos dos dados dos alunos, como o sexo, o CGPA, o ambiente da sala de aula (instalações básicas), as actividades extracurriculares, etc. Na classificação, utilizamos os métodos de classificação e de agrupamento com novos atributos.

Estrutura do livro

O resto do livro está organizado da seguinte forma. O Capítulo 2 apresenta a revisão da literatura sobre a análise do desempenho dos alunos. São discutidas várias técnicas de extração de dados para analisar o desempenho dos alunos, com limitações e contrastes. O Capítulo 3 apresenta a metodologia proposta seguida no trabalho de investigação atual, com vários passos seguidos por técnicas de DM, como a classificação e o agrupamento, e uma comparação destas técnicas para analisar o desempenho dos alunos. O capítulo 4 apresenta a validação e a avaliação, bem como a comparação dos resultados. O Capítulo 5 apresenta as conclusões e as futuras direcções do trabalho.

CAPÍTULO 2

REVISÃO DA LITERATURA

Desempenho dos alunos: perspetiva de classificação e agrupamento

No passado, os investigadores realizaram trabalhos sobre a análise, previsão e classificação do desempenho dos alunos utilizando vários atributos, como as notas dos semestres anteriores e a apresentação de trabalhos. Também desenvolveram modelos para este efeito. Na maioria dos casos, os investigadores utilizaram dois ou três atributos e recorreram à classificação ou ao agrupamento para analisar o desempenho. Na nossa investigação, utilizámos técnicas de classificação e de agrupamento e utilizámos 20 atributos para analisar o desempenho. O trabalho relacionado com as técnicas é descrito em pormenor a seguir.

Perspetiva de classificação:

Atualmente, são armazenadas grandes quantidades de dados em bases de dados educativas que contêm informações sobre o desempenho dos alunos. O método de classificação de DM (data mining) é útil para as bases de dados educativas. Com a expansão da tecnologia da informação, a informação é armazenada sob a forma de registos, ficheiros, imagens, documentos sonoros, etc. O método KDD (Knowledge Discovery in Database) é utilizado para extrair informações úteis de uma enorme coleção de dados, de modo a poder tomar uma melhor decisão (Brijesh Kumar, et al., 1996). O objetivo da DM é desenvolver as técnicas utilizadas para descobrir conhecimentos a partir de grandes quantidades de dados. E estas técnicas (classificação, agrupamento e regras de deteção de anomalias) descrevem a forma como o comportamento dos alunos melhora (Alaa el-Halees, et al., 2008).

O método de classificação utilizado por (K. Shanmuga, et al., 2013) para melhorar o desempenho dos alunos, extraindo a informação das notas de fim de semestre. O DM (Data Mining) é uma técnica útil aplicada a grandes quantidades de dados para descobrir as relações e os padrões ocultos para uma melhor tomada de decisões. O conjunto de dados de 1547 é retirado da base de dados de estudantes de um estabelecimento de ensino. Alguns atributos como Dep (departamento do aluno), HSD (grau de ensino secundário do aluno), Midterm (nota do exame intercalar), LG (nota do teste de laboratório), SEM (desempenho em seminários), ASS (trabalho), SP (medida de participação do aluno), ATT (assiduidade), HW (trabalhos de casa) e FG (nota final) são retirados destes dados para extração de dados. Uma árvore de decisão é como um fluxograma em que o nó pai é representado por um retângulo e os nós folha por ovais. Cada nó tem dois ou mais de dois nós filhos. Cada nó pai testa o valor da expressão de um atributo e as folhas contêm os diferentes resultados dos testes (Surjeet Kumar, et al., 2012). O objetivo do algoritmo ID3 é criar uma árvore de decisão para testar cada atributo em cada nó. Para descobrir qual o melhor atributo para um determinado nó, utilizámos uma medida chamada ganho de informação. O algoritmo ID3 é aplicado para prever o desempenho dos alunos com base em diferentes atributos. O resultado ajuda a analisar o desempenho dos alunos que necessitam de atenção especial para melhorar o seu desempenho académico.

Em (Emmanuel, et al., 2007), ao derivar o indicador de expetativa/previsão do desempenho, o investigador desenvolveu a abordagem de utilização da avaliação do desempenho dos alunos e desenvolveu um sistema de monitorização com o objetivo de monitorizar o desempenho no ambiente de ensino e aprendizagem. O foco principal é a monitorização/observação dos resultados dos exames e da avaliação dos alunos para prever a nota/desempenho final utilizando as várias técnicas de DM e aplicações de técnicas de aprendizagem automática. O controlo do desempenho inclui também as avaliações/testes que têm uma função importante no fornecimento de informações que ajudam os professores e os administradores na tomada de decisões. Os sistemas difusos ajudam os professores a avaliar em menos tempo e com elevada precisão (Nolan J., et al., 1998). Neste projeto, o investigador utilizou alguns dos atributos comportamentais factuais, tais como a data de nascimento, o sexo, os resultados semestrais, etc., e desenvolveu um modelo que ajudou a obter um processo de monitorização e observação do desempenho que vai ao encontro dos principais objectivos educativos e que também ajuda a obter melhores resultados numa instituição de ensino. Foi desenvolvido um modelo para um sistema de monitorização mensurável que ajuda a obter resultados rapidamente. Inicialmente, os 2215 registos foram reconhecidos e, depois de se considerar cuidadosamente o choque de dados inatingíveis e desconhecidos, 61,82% da informação foi selecionada para o processo de recolha de dados. As várias técnicas, tais como CHAID, K-means, análise de ligações, foram utilizadas para a classificação e também para a eliminação de tarefas não supervisionadas e supervisionadas. Para realizar o processo de extração de dados, foi efectuada uma autenticação simples com quase 25% dos dados. O algoritmo c5.0 serve como uma descrição de alta qualidade da árvore de decisão devido à sua propriedade estatística de ganho de informação.

Em (Dorina K, et al., 2012) foi realizada uma investigação numa das mais famosas universidades búlgaras e os resultados foram apresentados com o objetivo de mostrar o potencial das aplicações de extração de dados para contribuir para a gestão eficiente da universidade. O principal objetivo da investigação era desenvolver um modelo de prospeção de dados para prever o desempenho dos estudantes, e esta previsão do desempenho dos estudantes baseava-se nas suas características pessoais e em algumas características do seu desempenho na universidade. A investigação incluiu o conjunto de dados de estudantes universitários.

Os métodos de extração de dados, como a árvore de decisão, a rede neural, o aprendiz de regras e o método do vizinho mais próximo, foram aplicados para prever o desempenho dos alunos e os resultados foram recolhidos, analisados e comparados. Esta investigação foi uma extensão do trabalho anterior, utilizando o mesmo conjunto de dados e algoritmos, a variável-alvo prevista utilizando o formato diferente, mas esta investigação foi implementada para a variável-alvo binária. Anteriormente, os resultados foram publicados utilizando a variável-alvo com cinco valores diferentes, nomeadamente médio, mau, ótimo, bom e excelente. Até agora, muitos investigadores desenvolveram um modelo de classificação para calcular o desempenho académico dos estudantes.

O software WEKA foi utilizado para determinar os resultados. Os resultados foram analisados e comparados utilizando os vários métodos. A taxa de exatidão dos diferentes algoritmos também foi comparada, tendo sido demonstrado que a rede neural tem a maior exatidão em comparação com os outros modelos.

Em (Surjeet Kumar, et al., 2012), o investigador aplicou os procedimentos c4.5, CART e ID3 aos dados dos estudantes de engenharia para prever o desempenho nos exames finais. Os resultados da árvore de decisão descreveram o número de estudantes que são bons e maus nos estudos e também ajudaram a melhorar o desempenho dos estudantes fracos.

Com a ajuda de algumas técnicas de DM, como a árvore de decisão, a rede neural e o K Nearest Neighbour, é possível extrair conhecimentos úteis de uma grande base de dados sob a forma de clusters, classificação e regras de associação. A árvore de decisão é o algoritmo mais comum utilizado na extração de dados para efeitos de tomada de decisões. O conjunto de dados utilizado nesta investigação provém da Universidade de Purvanchal em 2010 e o conjunto de dados era originalmente de 90. As características incluem o género dos alunos, a pertença a um grupo, o ano de escolaridade no ensino secundário, o ano de escolaridade no ensino secundário e o local de residência dos alunos, etc.

Utilizando o software WEKA, os resultados foram recolhidos, analisados e comparados, tendo o c4.5 apresentado a taxa de precisão mais elevada em comparação com os outros métodos e, por fim, foi também apresentado o tempo de execução dos diferentes algoritmos.

O investigador (Erdogan, et al.) analisou o desempenho dos alunos e, para encontrar os alunos que têm um desempenho consistentemente bom, foi utilizada uma técnica de classificação chamada classificação de Byes. Também ajudou a instituição a minimizar a taxa de abandono e a aumentar o nível de desempenho de uma instituição utilizando uma técnica de classificação bayesiana. Os dados do ano anterior foram analisados e os dados dos alunos do ano seguinte foram previstos como tendo bom ou mau desempenho, o que ajudou tanto os alunos como os professores a maximizar a qualidade do ensino. Neste trabalho, os dados foram recolhidos de diferentes colégios e depois analisados para prever os dados dos alunos do ano seguinte. O resultado é que uma série de atributos como o meio, a turma e a categoria têm a maior probabilidade. A EDM é utilizada para reconhecer e melhorar as práticas educativas que podem melhorar a sua tomada de decisões.

O investigador (Chapman P., et al., 2000) descreveu uma forma de melhorar a excelência do sistema de ensino superior através da análise dos dados dos estudantes para identificar os atributos mais importantes e significativos que são responsáveis pelo desempenho dos estudantes. Para o efeito, foi utilizado o processo de extração de dados, a classificação. O autor utilizou os dados restritos dos estudantes que frequentaram um curso de C++ na Universidade de Yarmouk em 2005. O método utilizado neste documento para criar uma representação de classificação é o CRISP-DM, um processo padrão inter-industrial para DM. Na criação de um modelo de classificação, foi utilizada a árvore de decisão porque pode ser facilmente convertida em regras de classificação. Foi desenvolvido um sistema que utiliza as regras geradas para calcular a nota final do aluno no curso de C++. Para verificar a precisão, foram testados três algoritmos: ID3, C4.5 e Naive Bayes. Como resultado, a precisão da classificação não foi tão elevada, indicando que os atributos recolhidos não eram suficientemente eficientes para criar um modelo de classificação.

Analisar o desempenho dos alunos utilizando uma árvore de decisão:

Os métodos BI/DM têm sido utilizados em numerosos estudos para melhorar a qualidade do ensino e a gestão dos recursos escolares. Abordámos a previsão das notas dos alunos em dois anos do ensino secundário em matemática e português, utilizando dados demográficos anteriores e outros dados relacionados com a escola. Foram testados três objectivos diferentes de DM, nomeadamente a classificação e a regressão de nível binário, e quatro métodos de extração de dados, ou seja, árvores de decisão e florestas aleatórias, redes neuronais e máquinas de vectores de apoio, tendo sido investigadas diferentes escolhas de entrada. Os resultados obtidos mostram que é suscetível de atingir uma precisão analítica muito acima da média, desde que as notas do primeiro e do segundo ano sejam reconhecidas. Isto confirma que o resultado do desempenho dos alunos depende muito do desempenho anterior. No entanto, o exame da informação fornecida pelos melhores modelos analíticos mostrou que, em alguns casos, outras características, como as variáveis relacionadas com a escola (por exemplo, número de faltas, motivo da escolha da escola, apoio extracurricular), demográficas (por exemplo, idade do aluno, profissão e habilitações dos pais) e sociais (por exemplo, sair com os amigos, consumo de álcool) também são aplicáveis. Esta revisão baseou-se na aprendizagem offline, enquanto as técnicas de extração de dados só funcionaram depois de a informação ter sido recolhida. No entanto, existe uma possibilidade para ambientes de aprendizagem mecânica em linha, utilizando um comboio de cálculo do aluno como parte de um sistema de gestão escolar. Isto permite a captura de características adicionais (por exemplo, notas de anos lectivos anteriores) e também a obtenção de conselhos valiosos de profissionais da escola. Além disso, pretendemos alargar a experiência a outras escolas e anos lectivos, a fim de melhorar a base de dados de aprendizes. Uma vez que apenas uma pequena parte das variáveis de entrada medidas parece ser aplicável, vamos também explorar métodos de seleção mecânica de características. Em rigor, isto é provavelmente uma vantagem para os métodos não lineares, que são mais sensíveis a factores de produção intangíveis. É necessária mais investigação (por exemplo, estudos sociológicos) para compreender porquê e como algumas variáveis influenciam o desempenho dos alunos.

O investigador (U. Fayadd, et al., 1996) discutiu a utilização de árvores de decisão na GED. O principal objetivo da GD é aplicar uma variedade de técnicas e algoritmos numa série para descobrir e eliminar padrões na informação armazenada. A técnica da árvore de decisão foi aplicada ao desempenho anterior do aluno para prever o seu desempenho no ano seguinte. Isto ajudou a prever os alunos que precisam de atenção e também ajudou a minimizar a taxa de abandono escolar dos alunos. Foram recolhidas informações sobre os alunos, tais como notas de trabalhos e seminários, testes de turma e assiduidade. Estas informações foram extraídas do sistema de gestão de estudantes e utilizadas para prever o desempenho dos alunos nos exames de fim de semestre. O autor analisou a precisão das diferentes árvores de decisão. Neste estudo, o conjunto de dados foi obtido da Universidade VBs purvanched, Jaunpur. Foram utilizados três algoritmos, ID3, C4.5 e CART, e os resultados mostram que o algoritmo CART tem a maior precisão.

O investigador (U.K. Pandey, et al., 2011) utilizou vários métodos de extração de dados para analisar o desempenho dos estudantes em diferentes cursos. Foram utilizadas técnicas de classificação para analisar o desempenho dos estudantes. Foi utilizada a abordagem de classificação por árvore de decisão. Os atributos, como o trabalho nas aulas, a assiduidade e as notas dos trabalhos, foram recolhidos da base de dados anterior dos estudantes e, após a análise destes dados, foi feita a previsão do ano seguinte. Pandey e Pal realizaram um estudo sobre o desempenho dos estudantes, seleccionando 60 estudantes de uma faculdade da Universidade Dr. R. M. L. Awadh, Faizabad, Índia. Utilizando regras de associação, descobriram se os alunos estavam interessados em aprender línguas numa aula.

Perspetiva de agrupamento:

O autor (Fahim A.M., et al., 2006) desenvolveu um sistema de análise dos resultados dos exames dos alunos apoiado na análise de agrupamentos e na classificação dos dados dos alunos de acordo com o seu desempenho descrito. Os autores implementaram um método de agrupamento, o algoritmo k-mean, para analisar os dados dos alunos. Este modelo foi combinado com outro modelo, que é determinístico, e foi combinado para analisar os resultados dos alunos numa instituição privada. O principal objetivo da aplicação do método de agrupamento k-mean é analisar a evolução dos resultados dos estudantes nas instituições de ensino superior. Como resultado, foi fornecida uma metodologia simples para contrastar o controlo preditivo dos métodos de agrupamento como uma medida de semelhança da distância euclidiana. Os autores utilizaram o conjunto de dados de 79 estudantes. No resultado final, foi demonstrado que o algoritmo de agrupamento κ-mean serve como uma excelente medida para analisar o desempenho dos estudantes nas instituições de ensino superior.

Modelo baseado no CHAID para prever o desempenho:

O desempenho do aluno é afetado por várias razões, pelo que é necessário construir um modelo de rastreio de factos para a apresentação do aluno, a fim de prever os alunos lentos e os efeitos de várias razões no desempenho. Foi utilizado um método experimental para desenvolver o conjunto de dados e este foi construído a partir de fontes primárias e secundárias. Na fonte primária, a informação é recolhida junto dos alunos comuns e na fonte secundária, a informação é recolhida no gabinete do C.E.O. (Chief-Educational- Officer) e num instituto. Os dados não processados recolhidos das duas fontes são reprocessados, acrescentando os itens omitidos, alterando a forma dos itens e seleccionando os atributos adequados. Em seguida, são recolhidos os dados de 772 alunos e é aplicado o modelo de previsão CHAID. Os conjuntos de leis de previsão são retirados com a utilização deste modelo e a sua eficácia é comparada com a de outro modelo, tendo sido considerado aceitável. Várias técnicas de DM (data mining) (Y.Ma, et al., 2000) e técnicas estatísticas (Z.N.Khan, et al., 2005) (S.T.Hijazi, 2006) são utilizadas para obter resultados académicos. No entanto, os modelos criados pela extração de dados são melhores do que os modelos estatísticos em termos de eficiência e precisão. Os modelos DM têm um elevado grau de exatidão, pelo que o modelo CHAID foi criado utilizando estas ferramentas (modelos DM) para prever o desempenho dos alunos no sistema escolar indiano. Foi elaborado um questionário pormenorizado para a construção do modelo CHAID, que foi respondido pelos pais dos alunos, professores, direção da escola e peritos em educação. A maior parte dos dados sobre as várias características foi recolhida diretamente junto dos alunos através deste questionário. As variáveis/atributos foram derivadas das informações recolhidas desta forma. O número de atributos é então apresentado num quadro. O CHAID (I.H.Witten, et al., 2005) é um algoritmo de árvore de classificação que toma o seu nome da deteção automática de interacções. Na realidade, o CHAID é um método que divide a população em diferentes segmentos. Estes segmentos são designados por nós. E cada nó divide-se noutros nós e comporta-se como uma subpopulação. O resultado do modelo CHAID é representado sob a forma de uma árvore hierárquica, em que a população está no topo da árvore e é considerada o nó pai e os segmentos são os nós folha. A parte mais importante do modelo CHAID é a seleção das características relevantes. A técnica de seleção de características ajuda a reduzir o tempo necessário. O modelo CHAID em árvore, que se baseia no algoritmo CHAID, consegue classificar com exatidão 345 dos 772 alunos. O resultado final mostra que a eficácia e a precisão do modelo CHAID são superiores às de outros modelos criados por (Q.A.AI-Radaideh, et al., 2006). O modelo de previsão CHAID revela-se útil na análise do desempenho académico dos alunos das melhores escolas.

Método consciente da discriminação:

O investigador (Luo, et al., 2015) analisou o desempenho dos estudantes com base em atributos sensíveis. Os autores descreveram que, ao utilizar atributos sensíveis como a idade, a nacionalidade e o género, são criadas regras discriminatórias quando são aplicadas técnicas de extração. Os autores consideraram a classificação de dados educativos sensível à discriminação. Neste artigo sobre a previsão do desempenho dos alunos, os autores consideraram a construção de modelos de classificação sensíveis à discriminação e compararam depois os classificadores sensíveis e não sensíveis à discriminação. Foram aplicados dois métodos, nomeadamente o DAAR (Discrimination-aware-Association Rule classifier) e o DADR (Discrimination aware decision tree), que são métodos sensíveis à discriminação, comparados com os seus métodos não sensíveis à discriminação. Os resultados mostraram que os classificadores sensíveis à discriminação podem reduzir a discriminação com uma perda mínima de precisão.

Técnica de votação para prever a classificação de um aluno na turma:

A exatidão e a eficiência das técnicas de extração de dados são comparadas para prever a nota de um aluno. Esta previsão é útil para classificar os alunos fracos e ajudar os participantes no sistema educativo a melhorar o desempenho, tomando medidas adequadas numa fase precoce. Em primeiro lugar, determina-se a precisão de cada classificador e seleccionam-se os melhores, que são depois comparados com os classificadores mais fracos para desenvolver um sistema de afinação. Os resultados da combinação de diferentes classificadores são melhores do que os dos classificadores individuais para identificar o desempenho dos alunos. Para uma previsão exacta do desempenho dos alunos, foram realizados alguns testes para determinar o desempenho de diferentes métodos de previsão. Os modelos educativos devem ser transparentes (W. Hamalainen, et al.), pelo que escolhemos o modelo que fornece uma visão global, como a árvore de decisão e o Naive Bayes. Para este estudo de caso, são considerados os métodos da árvore de decisão e de Naive Bayes. Em seguida, a correção da técnica de votação proposta é comparada com C4.5, NBTree, BayesNet, Naive Bayes e Hidden Naive Bayes (HNB). A combinação do método HNB (H.Zhang, et al., 2005) é a melhor técnica individual que funciona no conjunto de dados e o classificador fraco, Decision Stump (DS), para o sistema de votação. Os melhoramentos dos classificadores fracos são referidos em (S.B.Kotsiantis, et al., 2005). O sistema de votação é um método cumulativo em que cada classificador individual dá um voto (S.B.Kotsiantis, et al., 2003).

O resultado da técnica de votação é determinado pela seleção da classe com a maior agregação. Nesta técnica de votação, foram utilizados os três métodos de aprendizagem automática fraca, o método de cunha de decisão e o método Naive-Bayes. As experiências mostram que o método HNB tem um desempenho melhor do que todos os outros métodos, mas a árvore de decisão tem uma precisão elevada. Outra experiência mostra que um classificador fraco, como o DS, tem melhor precisão em classes de distribuição grandes do que outras técnicas, como Simple-Cart, C4.5 e ID3. Com base nos resultados desta experiência, decidimos selecionar a combinação dos melhores classificadores do nosso conjunto de dados, nomeadamente DS e HNB, para a técnica de votação. Realizámos três experiências com diferentes números de classes e os resultados mostraram que o HNB tem o melhor desempenho e a precisão da árvore de decisão é elevada. E o agrupamento de HNB e árvore de decisão obteve o melhor resultado.

Rastreio bayesiano do conhecimento

O Bayesian Knowledge Tracing é a principal técnica de modelação de estudantes na moda no domínio dos sistemas de tutoria inteligente e este sistema tem sido utilizado há 20 anos e a comunidade educativa está muito bem servida. O Bayesian Knowledge Tracing foi introduzido por Corbett e Anderson em 1995 e acompanha e actualiza o domínio latente das competências do aluno como uma possível divisão de uma variável binária. O Bayesian Knowledge Tracing funciona tendo em conta o sucesso do aluno na aplicação da competência, e o sucesso é também representado como uma variável binária extravagante. O Rastreio do Conhecimento Bayesiano fornece a população ITS muito bem e representa tanto o estado oculto como a representação observada como uma variável binária é tudo o mesmo e muito simples. O Bayesian Knowledge Tracing tem dois estados e duas observações de primeira ordem. Esta tese apresenta os usos e as características dos paradigmas da recompensa e da recompensa-modelo, num esforço para concetualizar um modelo flexível e robusto de Rastreio do Conhecimento Bayesiano. A representação do traçado de conhecimento Bayesiano sobrenatural mostra um desenvolvimento substancial em relação ao traçado de conhecimento Bayesiano típico e com apenas uma mudança incremental nos cálculos básicos. Atribuímos o aumento da representação profética a uma série de factores. Uma descrição dos factores necessários para um maior número de estados ocultos pode ser encontrada no trabalho de (Aleven, et al., 2006). Neste trabalho são utilizadas 3 gramas e observações binárias únicas, o que nos dá 8 novas observações etéricas e também são utilizados 4 estados e o sistema particular pode ser modificado na exploração de um modelo melhorado de Spectral Bayesian Knowledge Tracing. Por conseguinte, aumentar o número de estados pode ser potencialmente útil. Quando o número de estados aumenta, a possibilidade de ver padrões relevantes de explicação dupla diminui e o Rastreio do Conhecimento Bayesiano Espectral pode ser subdefinido, o que pode levar a problemas na execução de informações não vistas, quer os padrões que estão em falta no conjunto de preparação. Quando há menos estados do que observações etéreas, os estados dão a posição de agregação e os padrões testados empiricamente de traçado do conhecimento bayesiano espetral com 2 estados e 4 observações espectrais de bigramas, que não produziram qualquer evolução em relação ao traçado do conhecimento bayesiano padrão, e uma configuração com 8 estados e 16 observações espectrais de 4 gramas, que não produziu qualquer evolução apreciável em relação ao padrão.

Sistemas baseados na Web:

Muitas das principais instituições de ensino estão a criar sistemas de ensino em linha e de apoio ao conhecimento. Alguns sistemas com diferentes capacidades foram implementados presencialmente para levar um sistema em linha a um local de ensino. O estudo em curso será efectuado sobre um elemento do mais recente currículo em linha desenvolvido na MSU (Kortemeyer, et al., 2001). Duas grandes bases de dados são criadas e utilizadas no LON-CAPA. A base de dados primária contém itens de aprendizagem, tais como páginas Web, expressões e imitações destinadas a serem utilizadas em tarefas de formação, testes de turma e avaliações (Kashy, et al., 2001). O ficheiro secundário contém a sequência de aprendentes do LON-CAPA. Aqui, os quatro classificadores são utilizados para separar os aprendentes. A mistura de numerosos classificadores conduz a uma importante evolução da correção nos três contentores. A otimização vencedora da categorização dos alunos nos três contentores mostra as qualidades da utilização das informações do LON-CAPA na análise das notas dos alunos com base nos seus atributos extraídos da criação dos trabalhos de casa.

Algoritmos Naive Byes:

A tendência para utilizar métodos de extração de dados na educação é relativamente recente. Os métodos DM (data mining) identificam e extraem informações valiosas dos dados. Foram utilizadas várias técnicas de DM para comparar dados recolhidos num inquérito na Universidade de Tuzla para prever o desempenho dos alunos. O desempenho dos alunos foi avaliado com base na nota dos exames. Foram também investigados alguns atributos que afectam o desempenho dos alunos. A DM representa um processo de dados computorizado que abrange todos os aspectos com o objetivo de encontrar conhecimentos e padrões úteis (Witten, et al., 2000).

O algoritmo genético foi utilizado pelo autor (Minaei-Bidgoli, et al., 2003) para prever o desempenho dos estudantes. Os dados foram recolhidos por meio de um questionário na Universidade de Tuzla durante a época de verão. Posteriormente, foram eliminados os dados incompletos e foi constituída uma amostra de 257 estudantes. Com base em 12 atributos relacionados com o desempenho dos estudantes, foi criado o modelo. Os atributos como género, GPA, distância, bolsa de estudo, material (livros, notas) e importância das notas foram utilizados como entrada para o modelo. A DM é um método de processamento computorizado que pode ser aplicado em muitas áreas diferentes para extrair informações úteis dos dados (Klosgen, et al., 2002). O software WEKA, desenvolvido na Nova Zelândia na Universidade de Waikato, foi utilizado para prever o sucesso dos alunos. Foram determinados os efeitos dos atributos de entrada no modelo sobre a saída das variáveis. Foram efectuados quatro testes ("Chi-square test, an R-test, info-gain test e gain-ratio test") para avaliar os atributos de entrada. O resultado final de cada teste é verificado através de determinadas métricas: Nome do atributo (atributos), posição média do atributo (rank), medida de bondade (merit), desvio de bondade (merit dev), desvio, desvio toma a posição do atributo (rank e dev). Os resultados dos diferentes algoritmos foram monitorizados e cada algoritmo avaliou a relevância dos atributos de uma forma diferente. Em vez de se basear no resultado de um único algoritmo, foi considerado o resultado médio de todos os algoritmos. A partir dos vários resultados, resumiu-se que a variável GPA teve a maior influência no resultado e também apresentou o melhor desempenho entre os quatro testes. No entanto, os outros valores, como os membros da família, o género e a distância da residência à faculdade, foram os que tiveram menos impacto no resultado. Entre os algoritmos supervisionados, o algoritmo Naive Bayes e o algoritmo perceptron multicamadas, o algoritmo Naive Bayes previu os melhores resultados, enquanto o algoritmo perceptron multicamadas foi o mais lento. Os três algoritmos supervisionados (data mining) foram aplicados a dados recolhidos na Universidade de Tuzla, utilizando questionários para prever o desempenho dos alunos.

Os resultados da experiência Naive Bayes mostraram o melhor desempenho em comparação com os outros métodos e são úteis para os professores alcançarem um melhor desempenho, reduzindo a taxa de insucesso dos alunos ao tomarem as medidas certas no momento certo.

Nudge Analytics e Apriori para previsões:

A autorregulação está muitas vezes associada a alunos extremamente bem sucedidos (D. L. Butler, et al., 1995) (B. J. Zimmerman, et al., 1990). O feedback é um elemento essencial do processo de autorregulação e permite

que os alunos avaliem a sua apresentação e tomem uma decisão sobre quais os procedimentos que podem melhorar a sua apresentação futura, bem como efetuar mudanças no seu desenvolvimento de conhecimentos (J. Hattie, et al., 2007).
Fornecer aos alunos um feedback constante e modificado sobre a sua apresentação é um elemento essencial para promover o conhecimento auto-sincronizado. Como parte da nossa política universitária, estamos a construir uma série de visualizações de informação para fornecer aos alunos feedback sobre as suas apresentações. Estas visualizações dão aos alunos uma indicação do seu desempenho em relação ao resto da turma e permitem-lhes avaliar o tempo que gastaram em tarefas nos seus cursos. Integrados na resposta estão os "empurrões" que dão aos alunos dicas sobre como melhorar a sua apresentação, ajustando o momento em que começam ou apresentam as tarefas. Para descobrir que sugestões devem ser dadas aos alunos, analisámos dados de mais de 1,4 milhões de alunos sobre mais de 27 milhões de trabalhos concluídos no passado. Os dados mostram que o desempenho dos alunos diminui significativamente quando os trabalhos são concluídos no mesmo dia em que devem ser entregues e quando são apresentados após a data de entrega. Utilizámos estes finais e a apresentação passada e atual de cada aluno para mostrar as sugestões que lhes são aplicáveis nas suas visualizações, destacando um plano de ação para melhorar a apresentação futura.

Os alunos verão as notificações se iniciarem os seus trabalhos no mesmo dia da data de entrega e os entregarem depois da data de entrega ou se frequentemente não iniciarem ou entregarem os trabalhos a tempo. Estas pistas são integradas numa série de visualizações como parte da nossa política universitária, que visa fornecer aos alunos conselhos contínuos e personalizados sobre os seus trabalhos e promover a aprendizagem autónoma, fornecendo estratégias accionáveis para melhorar o desempenho de página para página. O nosso estudo destacou mais do que algumas pistas prometedoras para investigação futura. Em primeiro lugar, seria motivador saber por que razão há dois tipos de tarefas específicas que são apresentadas com muito menos frequência do que outros tipos. Isto poderia ser utilizado para encorajar os alunos a completar exatamente estas tarefas, ou para preparar os professores para que estas tarefas não sejam completadas a um ritmo assustador, e talvez ajudá-los a regular o seu curso para que terminem com confiança.

Também observamos uma possível tendência para examinar o dia em que os trabalhos do período letivo são concluídos, mas precisamos de recolher informações sobre o início e o fim do período letivo para limpar as informações. Isto pode resultar no facto de os alunos serem lembrados de entregar os seus trabalhos durante o período letivo e numa descida das classificações. Por conseguinte, precisamos de recolher informações sobre a região horária de cada aluno, para que os dados possam ser ajustados à hora local e analisar a hora do dia em que os trabalhos são entregues. Isto pode levar a que os alunos sejam aconselhados a entregar os trabalhos de manhã cedo, o que resulta numa pior apresentação.
Em (Sauchila B, et al., 2013), o investigador analisou e previu o desempenho dos alunos com base em vários atributos. Para medir a correlação entre os diferentes atributos, foram criadas regras significativas que foram utilizadas para melhorar o desempenho dos alunos no ensino. O principal objetivo era prever o desempenho dos estudantes nos resultados da universidade com base no desempenho dos estudantes nos seus trabalhos, na assiduidade e na percentagem de qualificações.

Os atributos utilizados para prever o desempenho dos alunos foram a percentagem de diplomados, a percentagem de assiduidade, a percentagem de trabalhos e a percentagem de testes unitários. O pré-processamento dos dados foi utilizado para identificar os valores ruidosos, irrelevantes, redundantes e em falta de todo o conjunto de dados e, em seguida, o software WEKA foi utilizado para criar as principais regras de associação para os diferentes valores de apoio e confiança. Como resultado, foram descobertas as regras de associação entre os diferentes atributos, o que ajudou a melhorar e a prever o desempenho dos alunos, identificando os diferentes atributos e os alunos que tiveram um fraco desempenho nas percentagens de trabalhos, assiduidade, testes unitários e conclusão, tendo sido demonstrado que o resultado da universidade podia ser melhorado se se prestasse atenção a estes alunos com fraco desempenho nas percentagens de trabalhos, assiduidade, testes de unidade e conclusão, e que os alunos tinham de se concentrar nas percentagens de trabalhos, assiduidade, testes de unidade e conclusão para melhorar o resultado da universidade. As regras de associação geradas foram apresentadas sob a forma de um fluxograma e foi também identificada a correlação entre os diferentes atributos.A previsão do desempenho dos alunos pode ser útil de várias formas no contexto do ensino à distância. O ensino à distância é um novo método de aprendizagem na educação em que os alunos aprendem na ausência de um tutor numa sala de aula. O ensino à distância baseia-se em materiais didácticos específicos e na comunicação com o tutor (K. Patriarcheas, et al., 2009). As dificuldades que os alunos podem enfrentar no processo de aprendizagem fazem com que os alunos se sintam desmotivados porque recebem menos apoio e incentivo dos professores e dos outros alunos (Q. Guo, et al., 2009). É proposto um novo método de previsão do desempenho dos alunos no ensino à distância que combina as versões Naive-Bayes, 1-NN e WINNOW. A técnica proposta demonstrou ser útil para prever alunos lentos e permite que os professores tomem medidas adequadas para melhorar o desempenho numa fase inicial. Os algoritmos em linha foram desenvolvidos para modelos de aprendizagem automática como as árvores de decisão (Swere et al.). A técnica WM (maioria ponderada) constitui a base dos algoritmos em linha (N. Littlestone, et al., 1994). Outro algoritmo que também constitui a base dos algoritmos em linha e armazena o conhecimento útil dos dados de treino para tomar melhores decisões é o Voted-Preceptor. O conceito de combinação de classificadores proposto é uma nova abordagem para melhorar o desempenho do classificador. Infelizmente, este conceito proposto não é único no ambiente em linha. O coração do WINNOW é um sistema linear em linha semelhante ao perceptron. O classificador Nai've-Bayes descreve o facto de cada atributo não depender dos outros atributos. O conceito proposto tem as características dos três métodos NB, WINNOW e 1-NN. O conjunto de dados de treino de 1347 (conjunto de dados de estudantes) foi retirado da Hellenic Open University (a seguir designada por HOU) para este estudo de caso. Os dados foram recolhidos dos registos do tutor e do registo dos alunos. Na fase inicial, todas as técnicas foram aplicadas aos dados recolhidos. A implementação está dividida em quatro etapas e cada técnica em linha (NB, WINNOW, 1-NN) é comparada com o método proposto. A partir do resultado final, conclui-se que o método proposto é muito correto e eficiente em comparação com outros algoritmos em linha (NB, WINNOW, 1-NN).

CAPÍTULO 3

METODOLOGIA

Neste ponto, falaremos sobre o método que utilizámos para atingir os nossos objectivos de investigação. Em primeiro lugar, falaremos sobre o conjunto de dados utilizado para esta investigação e discutiremos os atributos e inquéritos que realizámos. Em seguida, explicaremos as técnicas de agrupamento e classificação da extração de dados e alguns algoritmos destas técnicas. Por último, falaremos sobre a análise qualitativa para compreender como as técnicas de agrupamento e classificação são utilizadas para analisar e prever o desempenho dos alunos.

Conjunto de dados

O registo de dados é um conjunto de informações. Na maioria dos casos, o conjunto de dados refere-se ao contexto de uma tabela de base de dados individual ou de uma matriz de dados estatísticos individual. Recolhemos os dados de 603 estudantes nacionais e internacionais através de formulários Google online. Para visualizar o formulário, visite a seguinte hiperligação https://docs.google.com/forms/d/1-ARZY- YfWdtaIczGoM7ByWC-QUJvQnkz8vluA5r6wec/viewform. Também realizámos um inquérito para recolher dados junto de estudantes de vários colégios e universidades em Punjab, no Paquistão.

Ficheiro de entrada e atributo

O formato do ficheiro do conjunto de dados é CSV, que foi obtido utilizando a ferramenta WEKA. O WEKA é uma boa ferramenta de extração de dados que contém um conjunto de técnicas de aprendizagem automática para tarefas de extração de dados e tem ferramentas para regressão, classificação, pré-processamento de dados, visualização, agrupamento e regras de associação [1]. Seleccionámos 20 atributos para analisar o desempenho dos alunos e criámos o questionário com base nesses 20 atributos. Alguns dos atributos são a pontualidade, a situação financeira, a relação professor-aluno, etc. A descrição completa dos atributos que utilizámos pode ser consultada na Tabela 1.

O resultado do inquérito que realizámos é apresentado na Figura 1, que descreve o número de alunos e as suas respostas a cada atributo. Com base nos resultados deste inquérito, vamos analisar e prever o desempenho dos alunos.

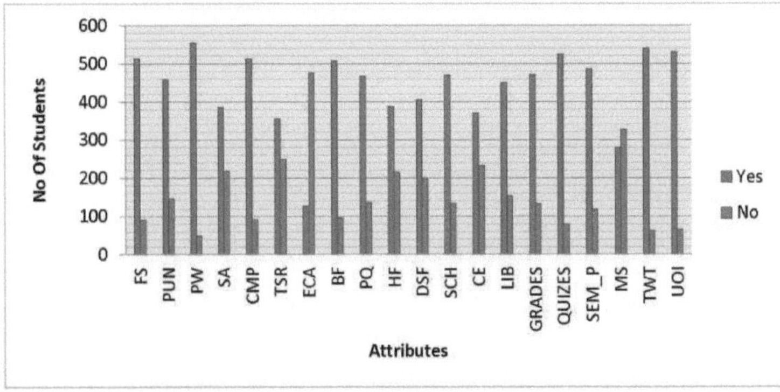

Figure 1: Representação gráfica dos resultados do inquérito

3.3 Técnicas de extração de dados

A extração de dados (DM) é um método utilizado para melhorar a aprendizagem dos alunos. Centra-se no reconhecimento, extração e cálculo de dados relacionados com a aprendizagem e na melhoria do desempenho dos alunos. Algumas técnicas de extração de dados são a classificação, o agrupamento e a extração de regras de associação. Um dos objectivos deste estudo era compreender como funcionam os diferentes métodos de extração de dados. Para o efeito, explicámos as técnicas individuais e alguns dos seus algoritmos.

3.3.1 Técnicas de classificação

A DM é uma etapa de investigação do processo de "Descoberta de conhecimentos em bases de dados". Trata-se de um subcampo interdisciplinar do conhecimento computacional e de um método assistido por computador para encontrar exemplos em grandes quantidades de dados, utilizando técnicas que combinam o poder cerebral simulado, a aprendizagem automática (ML), a informação e os sistemas de informação e de ficheiros aplicáveis.

Attributes	Description
FS	**Financial status** of students either facilitate them or not
PUN	**Punctuality** of the students to attend the class
PW	**Practical work** that may include lab work/field work/internship
SA	**Submission of the assignments**, may be late or at time
CMP	**Company**(friends) either help to increase learning or not
TSR	**Teacher student relationship**, TA (teacher assistant)
ECA	Effect of **Extracurricular activities**(sports/debating/literary) on learning
BF	Availability of the **basic facilities** in the classroom like AC, Fans, Multimedia
PQ	**Parent's qualification**
HF	If **host elite** then effects of facilities available at the hostel
DSF	If **day scholar**, then effect of facilities available at home
SCH	Achievements of the **scholarships**
CE	Effect of the **co-education** on learning
LIB	Availability of the **library**
GRADES	Effect of **previous grades** on the current grades
QUIZES	Effect of the **quizzes** on the result
SEM-P	Effect of **seminars/workshops** on the learning
MS	Session of students, grades of the **morning session students**
TWT	**Teacher's way of delivering the lectures** either effect the result or not
UOI	Effects of **using internet** on the learning.

Quadro 1: Atributos e respectivas descrições

A classificação é um método de DM baseado em ML que é utilizado para categorizar cada item numa localização de informação numa localização de programa predefinido. O método de classificação é capaz de distribuir uma grande variedade de informações e é capaz de as reconhecer. Há uma série de aplicações para o ML, sendo a principal a DM. É frequente as pessoas cometerem erros durante os testes e talvez seja difícil encontrar ligações entre numerosas propriedades. ML com as classes conhecidas. A classificação é a tarefa de simplificar a organização identificada para contar a informação original. É difícil identificar a qual dos vários grupos o teste original pertence na fonte de uma posição de treino de informação, manter notas cujo tipo de associação é identificado. As técnicas de classificação utilizam técnicas aritméticas e numéricas, como a programação linear, as árvores de decisão, as redes neuronais e as máquinas de vectores de apoio. A classificação é um método de simplificação da informação de acordo com diferentes representações. Os tipos mais importantes de algoritmos de classificação incluem as redes Bayesianas, os classificadores do vizinho mais próximo, as técnicas de lógica difusa, a indução de árvores de decisão e os algoritmos genéticos.

Para as organizações de ensino superior cujo objetivo é desenvolver a excelência do ensino superior e a formação do desempenho dos recursos individuais, é necessário concentrar-se num exame incessante. Por conseguinte, o cálculo do desempenho dos estudantes é crucial para as organizações de ensino superior, uma vez que a excelência do processo de ensino é uma capacidade de recolher os requisitos dos estudantes. fntellect registos e informações significativos sobre a fonte comum que são medidos, a instituição e os princípios adequados classificam e preservam a excelência posicionada. A excelência das instituições de ensino de topo implica a prestação de serviços que satisfaçam principalmente as necessidades dos estudantes, dos participantes e do pessoal académico no sistema de ensino. Os intervenientes no processo de aprendizagem satisfazem as suas necessidades durante as acções adequadas, geram uma grande quantidade de informação que tem de ser composta, incluída e utilizada. Para transformar a informação em factos, é necessário o empenho de todos os membros, que são professores, estudantes, administração, gestão e comunidade em geral.

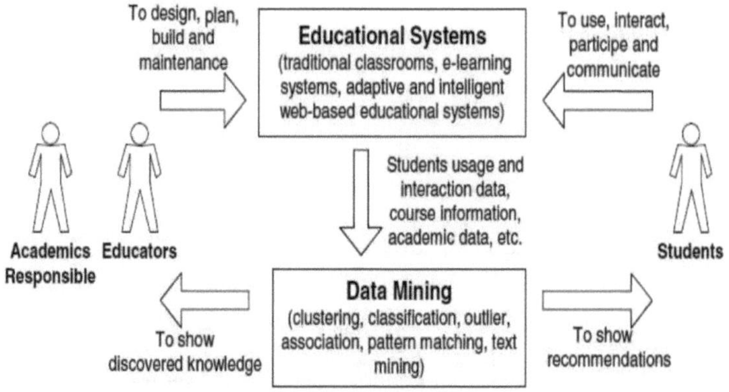

Figure 2: O ciclo de aplicação da prospeção de dados nos sistemas educativos [1]

Fonte: Romero e Ventura, 2007, p. 136

Algoritmo Naive Bayes (NB):

Trata-se de uma técnica de classificação simples baseada na hipótese de possibilidade, ou seja, no teorema de Bayes (Witten e Frank, 2000), que é designada por ingénua porque permite encurtar os problemas que se baseiam em suposições significativas e pressupõe que as características analíticas estão temporariamente livres de classificações conhecidas que pressupõem que nenhuma caraterística desconhecida pode afetar o processo computacional. Um classificador significa um avanço talentoso no reconhecimento da informação e fornece um algoritmo bem organizado para a classificação da informação. O classificador Naive Bayes é um classificador probabilístico simples baseado na aplicação do teorema de Bayes com um pressuposto de autodeterminação difícil (ingénuo). Uma palavra explicativa adicional para o modelo de probabilidade básico seria forma de caraterística autodeterminante. A classificação Bayesiana apresenta algoritmos de conhecimento significativo e a informação é combinada com valores empíricos. A classificação Bayesiana fornece o ponto de vista funcional e numerosos métodos de conhecimento percetivo e avaliativo. Estima probabilidades exactas para hipóteses e um tom vigoroso para contribuir com informação. Os classificadores bayesianos assumem que a ocorrência e a ausência de uma determinada caraterística não está relacionada com a presença de outra caraterística que se sabe ser variável. Os classificadores Bayes podem qualificar-se profissionalmente na localização do conhecimento gerido. São importantes por várias razões. Extremamente fáceis de construir, não necessitam de um método de opinião iterativo difícil. A forma como pode funcionar prontamente para enormes quantidades de informação. É simples de compreender, pelo que os utilizadores que não têm formação em conhecimentos de classificadores reconhecem a razão pela qual criam a classificação.

As vantagens são:

- Para obter uma melhor classificação, as características não relacionadas são removidas.
- Desempenho de alta qualidade.
- Trata-se de um pequeno ponto matemático.

As desvantagens são:

- O classificador Naive Bayes requer um grande número de métodos para obter resultados de alta qualidade.
- É uma base de ilustração ou preguiçosa de forma a acumular todos os modelos de formação.

Algoritmo de árvore aleatória:

É diretamente classificador e possui métodos de conhecimento que só produzem no aprendiz. Também utiliza um pensamento contagioso para gerar uma posição de informação arbitrária para construir um ID3. Cada junta é dividida com um excelente entre o departamento de preditores seleccionados aleatoriamente nesse nó.

Algoritmo J48:

O J48 é uma extensão do ID3. As funções adicionais do J$8 são a consideração de valores em falta, a poda da árvore de decisão, os intervalos de valores de atributos contínuos, a derivação de regras, etc. Na ferramenta de extração de dados WEKA, o J48 é uma implementação Java de código aberto do algoritmo c4.5.

Algoritmo do Dicotomizador Iterativo 3 (Id3):

Começa com uma posição inovadora como nó de origem. Em cada iteração do algoritmo, cada propriedade não utilizada da posição é percorrida de lado a lado e a entropia dessa propriedade é calculada. Em seguida, selecciona a qualidade cuja entropia é negligenciável ou que causa os maiores custos para o aumento da informação. Durante o algoritmo, a lista de classificação dos resultados é criada com cada ligação não-terminal em vez da qualidade selecionada sobre a qual a informação foi quebrada e com os nós fatais em vez do identificador de classe da separação final desta divisão.

As vantagens são:

- Apresenta resultados mais exactos do que o algoritmo C4.5.
- Normalmente, as supostas características são utilizadas para a categorização, sem que existam princípios para o efeito.

As desvantagens são:

- A pesquisa foi imediatamente alargada.
- Requer mais memória do que a implementação do curso enorme

C4.5.

Algoritmo K-STar:

K-Star é um classificador baseado na memória em que a classe de uma instância de teste se baseia na classe de instâncias de treino que lhe são semelhantes, conforme determinado por uma função de semelhança. A utilização da entropia como medida de distância tem várias vantagens. Entre outras coisas, proporciona uma abordagem consistente para o tratamento de atributos simbólicos, atributos com valores reais e valores em falta.

Técnicas de agrupamento

DM (Data Mining) refere-se à extração (mineração) de factos a partir de grandes colecções de dados (Jiawei Han, et al., 2006). Os métodos de MD são utilizados para processar uma enorme coleção de informações para estudar os modelos ocultos e as suas associações que podem ser úteis para o processo de tomada de decisões (Brijesh Kumar, et al., 1996). Existem muitos métodos e técnicas, como as regras de associação, as técnicas de agrupamento, a classificação, as árvores de decisão, as redes neuronais, a inteligência artificial, os algoritmos genéticos, a regressão e as técnicas do vizinho mais próximo, que são utilizados para extrair conhecimentos de uma enorme coleção de dados.

A técnica de agrupamento resume dados semelhantes em grupos. É uma abordagem interessante para extrair as semelhanças no conhecimento e, em seguida, colocar essas semelhanças em grupos. O agrupamento é um método que divide a informação de interesse em muitos grupos, de modo a que a semelhança dentro de um grupo seja maior do que entre grupos (Jang, et al.,). Exemplos comuns de agrupamento incluem o agrupamento de documentos, a taxonomia dos seres vivos: Reino, Classe, Família, Espécie, etc. Existem várias abordagens de agrupamento, tais como a abordagem de partição, a abordagem hierárquica, a abordagem de densidade, a abordagem de rede, a abordagem de modelação e a abordagem de agrupamento baseada em restrições.

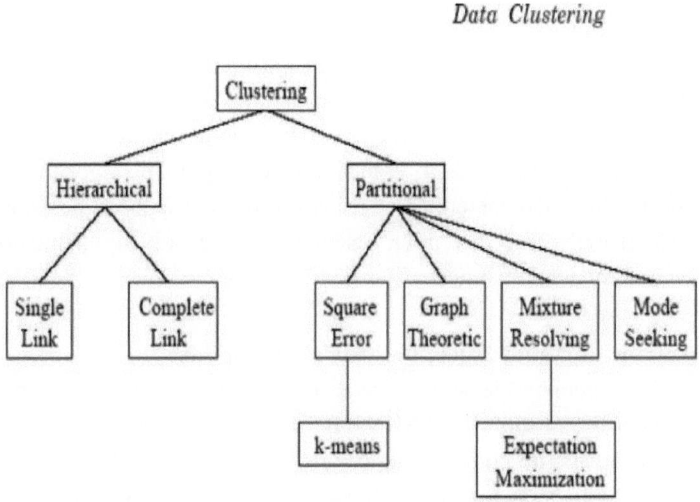

Figura 3: Taxonomia das abordagens de agrupamento

Agrupamento: abordagem de porcionamento:

A técnica de particionamento no algoritmo de cluster é o método em que os dados são divididos em Kpartições e cada partição deve pertencer a apenas um conjunto de dados. Os algoritmos típicos que utilizam este método são o algoritmo K-MEDIODS, o algoritmo CALARNS e o método K-Means. K-means; o método de agrupamento k-means foi desenvolvido em 1975 por J. McQueen, J. A. Hartigan e M. A. Wong. No método k-means, os atributos são classificados em K número de clusters. K é um número positivo, e a atribuição é feita reduzindo o número de quadrados de distância entre a informação e os clusters correspondentes. K-MEDIODS ou algoritmo PAM (PARTITION AROUNDMEDIODS) (Kaufmann e Rousseeuw, 1987)) está relacionado com o método K-means. CLARANS (CLUSTERING LARGE APPLICATIONSBASED on RANDOM SEARCH), descoberto por Han e Ng (1994). Trata-se de um algoritmo que classifica os centróides dos clusters através da aplicação de modelos arbitrários repetitivos aos dados individuais.

Agrupamento: abordagem hierárquica:

O método hierárquico é um método que define a hierarquia de um determinado conjunto de dados; os algoritmos baseados neste método são o algoritmo CHAMELEON, o algoritmo BIRCH e o algoritmo DIANA AGNES. O método BIRCH (Balanced Iterative Reducing and Clustering) armazena a descrição exacta de cada cluster numa estrutura de árvore dinâmica. Os clusters estão localizados nos nós das folhas numa estrutura hierárquica em árvore. Esta árvore é reconstruída quando a dimensão do agrupamento é actualizada. A complexidade temporal do algoritmo BIRCH é linear. Um novo método de agrupamento hierárquico é designado por CHAMELEON, que determina a semelhança de dois agrupamentos com base num modelo dinâmico.

Agrupamento: abordagem baseada na densidade:

Esta abordagem baseia-se em funções de densidade, e os métodos baseados nesta abordagem são o DBSACN e o OPTICS. Estes métodos agrupam os atributos de acordo com uma função de densidade específica. A densidade pode ser equiparada ao número de atributos numa região de um atributo de informação. É diferente da ideia de partição. Nesta abordagem, o cluster pretendido começa a crescer até que o atributo na região exceda um determinado parâmetro. A técnica DBSCAN (DENSITY BASED SPATIAL CLUSTERING OF APPLICATIONS WITH NOISE) (Ester et al., 1996) encontra os clusters a partir de formas aleatórias e é muito útil e competente para grandes bases de dados espaciais. O método procura agrupamentos percorrendo a região de cada entidade na base de dados e assegurando que retém mais do que o número mínimo de entidades. O algoritmo Den-Clue armazena as informações sobre as células da grelha e organiza essas células sob a forma de uma estrutura em árvore. Baseia-se na grelha, mas é muito eficaz e eficiente. O OPTICS e o DBSCAN têm a mesma estrutura e o mesmo tempo de execução.

Agrupamento: abordagem baseada em grelha:
A abordagem de grelha é uma abordagem de processamento muito rápida em que a combinação de objectos forma uma grelha. Os métodos baseados na grelha são o STING e o Wave Cluster. A principal vantagem destas abordagens é o seu rápido tempo de processamento (Han e Kamber, 2001). O algoritmo mais utilizado é o FCM (Fuzzy Clustering Algorithm) e é melhor do que o algoritmo de agrupamento K-means.

Agrupamento: abordagem baseada em modelos:
Nesta abordagem, é encomendado um modelo para cada agrupamento, a fim de determinar o melhor modelo. Este método agrupa os dados através do agrupamento da função de densidade. Os algoritmos baseados neste método são a árvore de decisão, o COBWEB e a rede neural (SOM). A abordagem baseada em modelos descreve as características de cada grupo ou classe. A árvore de decisão representa os dados numa árvore hierárquica em que as folhas contêm a descrição do grupo. O algoritmo COBWEB descreve que cada atributo/unidade é independente e o seu objetivo é obter a maior previsibilidade de um determinado grupo. Infelizmente, este algoritmo não é útil e adequado para grandes quantidades de dados (Fisher, 1987). As redes neuronais representam os clusters individuais sob a forma de protótipos (neurónios). O algoritmo de rede neural mais conhecido é o SOM. O método SOM é utilizado para o reconhecimento da fala, dados 2D e 3D e quantificação de vectores.

Clustering: Abordagem baseada em restrições:
Com este método, o agrupamento é efectuado com o envolvimento do utilizador e da aplicação orientada para os objectos. Os métodos baseados nesta abordagem são o COD (Obstáculos) e o Constrained Clustering. A taxonomia do agrupamento condicionado inclui restrições para uma entidade, entidades de obstáculos como restrições, parâmetros de agrupamento como restrições e restrições para cada agrupamento individual.

Análise qualitativa

A análise quantitativa envolveu uma série de etapas para atingir os nossos objectivos. Em primeiro lugar, recolhemos os dados através de um inquérito e, em seguida, utilizámos a ferramenta WEKA como ferramenta de extração de dados para efeitos de teste e implementação. O WEKA é a famosa coleção de aprendizagem automática, um software baseado em Java desenvolvido na Universidade de Waikato New Zeeland. Os dados foram introduzidos em formato CSV e, em seguida, analisados utilizando as técnicas de classificação e de agrupamento, tendo sido descrita a taxa de precisão das diferentes técnicas e comparada a precisão dos diferentes algoritmos. O principal objetivo é identificar os atributos susceptíveis de ter um maior impacto no resultado, na aprendizagem e no desempenho dos alunos. Os resultados da nossa metodologia são analisados no Capítulo 4.

CAPÍTULO 4

RESULTADOS E ANÁLISE

A EDM trata do método crescente de extração de informação a partir de factos que têm origem no ambiente educativo. A EDM oferece inúmeras possibilidades que podem ser utilizadas para analisar o desempenho dos estudantes. Utilizando métodos de extração de dados, que são a classificação e o agrupamento, analisámos a trama dos estudantes com base em parâmetros como o seu desempenho académico (CGPA), o sexo, o meio de instrução, o grau do estudante, a turma/departamento dos estudantes, as habilitações dos pais, a situação financeira, as actividades extra-curriculares, a assiduidade, os trabalhos e aplicámos vários algoritmos de classificação e agrupamento, tendo utilizado a ferramenta de extração de dados WEKA para este efeito.

Classificação

O objetivo da classificação é esperar exatamente a classe-alvo para cada pasta da informação. Os principais tipos de algoritmos de classificação incluem as redes Bayesianas, o classificador do vizinho mais próximo, as técnicas de lógica difusa, a indução de árvores de decisão e os algoritmos genéticos. A descrição dos termos exatidão, taxa TP, taxa FP e outros utilizados nos resultados é apresentada na Tabela 2. Classificámos o nosso conjunto de dados de treino de cerca de 200 alunos utilizando os algoritmos de classificação Naive Bayes, K Star, 1D3, J48 e algoritmos de árvore aleatória e, em seguida, efectuámos a comparação entre todos os algoritmos e comparámos a sua taxa de precisão. O funcionamento e a descrição destes algoritmos são descritos no Capítulo 3.

Attribute	Description
Correctly classified/Accuracy	Describes the % of the correctness of the test Accuracy=(TP+TN)/ALL
Inaccurately	Describes the % of the inaccurateness of the tests

classified/Error Rate	Error Rate=(FP+FN)/ALL
Sensitivity	True positive rate, true instances and also classified as true Sensitivity=TP/P
Specificity	True Negative rate, Negative instances and also classified as negative. Specificity=TN/N
Precision	Exactness, Precision=TP/TP+FP, Fact of Being Accurate, describes that how many selected objects are relevant.
Recall	Completeness, Recall=TP/(TP+FN), describes that how many relevant items have been selected.
ROC Area	It is a technique for organizing, Selecting and visualizing the classifiers that are based upon their performance.

Quadro 2: Definição dos atributos

Os resultados da classificação do conjunto de dados de treino utilizando vários algoritmos são apresentados em seguida.

Naive Bayes:

A Tabela 3 mostra a matriz de confusão depois de testar os dados de treino com a ferramenta de extração de dados WEKA utilizando a técnica Naive Bayes e a Figura 4 descreve o resultado graficamente.

Actual Class/Predicted Class	Result Increase	Result Decrease	Total
Result Increase	143	12	155
Result Decrease	17	28	45
Total	160	40	200

Tabela 3: Matriz de confusão que representa o resultado do algoritmo de Nai've Bayes

- Sensibilidade = TP/P = 143/155 = 0,92

- Especificidade = TN/N = 28/45 = 0,62
- Precisão = (TP+TN)/A11 = (143+28)/200 = 0,855
- Taxa de erro = (FP+FN)/A11 = (17+12)/200 = 0,145
- Precisão = TP/(TP+FP) = 143/(143+17) = 0,893
- Recuperação = TP/(TP+FN) = 143/(143+12) = 0,922

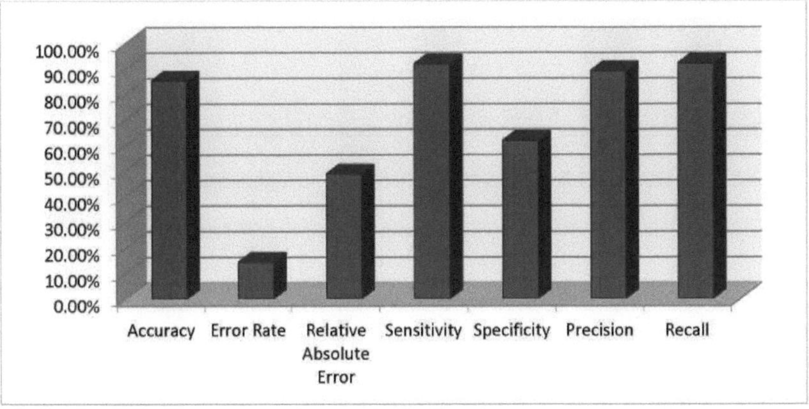

Figura 4: Gráfico Bayesiano

Algoritmo K-star:

A Tabela 4 mostra o resultado do teste dos dados de treino com a ferramenta de extração de dados WEKA utilizando a técnica K-Star, e os resultados gráficos da utilização da técnica K-Star para classificar o conjunto de dados de treino são apresentados na Figura 5.

Actual class/Predicted class	Result Increase	Result Decrease	Total
Result Increase	145	10	155
Result Decrease	22	23	45
Total	167	33	200

Tabela 4: Matriz de confusão que representa o resultado do algoritmo K-Star

- Sensibilidade = TP/P = 145/155 = 0,935

- Especificidade = TN/N = 23/45 = 0,511
- Precisão = (TP+TN)/A11 = (145+23)/200 = 0,84
- Taxa de erro = (FP+FN)/A11 =0,16
- Precisão = TP/(TP+FP) = 145/(145+22) = 0,868
- Memória = TP/(TP+FN) = 145(145+10) = 0,935

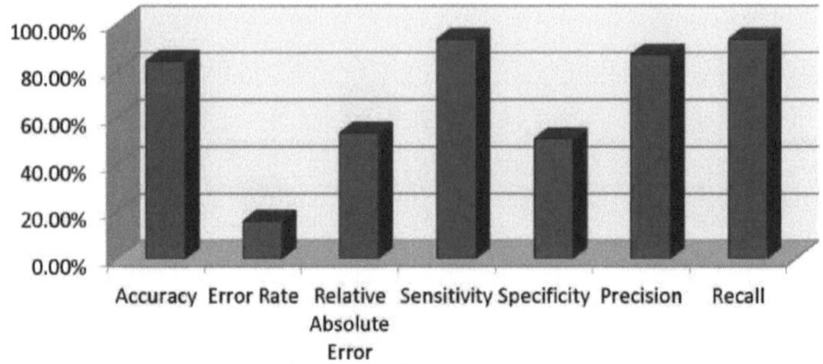

Figura 5: Diagrama K-star

Algoritmo J48:

A Tabela 5 mostra o resultado da verificação dos dados de tração com a ferramenta de extração de dados WEKA, utilizando a técnica J48, e os resultados gráficos são apresentados na Figura 6.

Actual class/Predicted class	Result Increase	Result Decrease	Total
Result Increase	140	15	155
Result Decrease	16	29	45
Total	156	44	200

Tabela 5: Matriz de confusão que representa o resultado do algoritmo J48

- Sensibilidade = TP/P = 140/155 = 0,9032

- Especificidade = TN/N = 29/45 = 0,644
- Precisão = (TP+TN)/A11 = (140+29)/200 = 0,845
- Taxa de erro = (FP+FN)/A11 = 16+15/200 = 0,155
- Precisão = TP/(TP+FP) = 140/(140+16) = 0,897
- Recuperação = TP/(TP+FN) = 140(140+15) = 0,9032

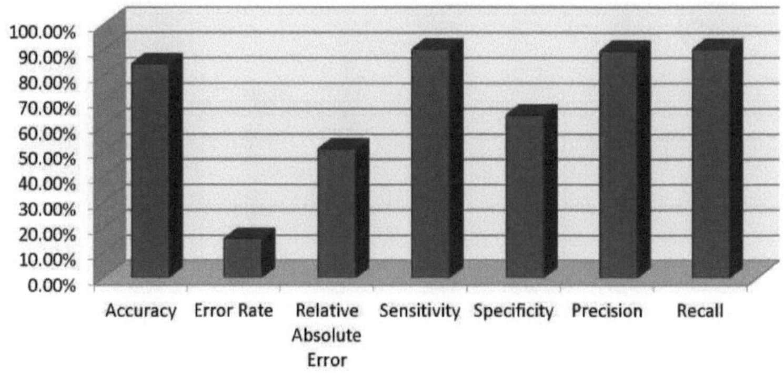

Figure 6: J48 Gráfico

Algoritmo ID3:

O quadro 6 mostra o resultado da verificação dos dados do comboio com a ferramenta de extração de dados WEKA, utilizando

Id3 e a Figura 7 descreve o resultado graficamente.

Actual class/Predicted class	Result Increase	Result Decrease	Total
Result Increase	135	20	155
Result Decrease	17	28	45
Total	152	48	200

Tabela 6: Matriz de confusão que representa o resultado do algoritmoID3

- Sensibilidade = TP/P = 135/155 = 0,870

- Especificidade = TN/N = 28/45 = 0,622
- Precisão = (TP+TN)/A11 = (135+28)/200 = 0,815
- Taxa de erro = (FP+FN)/A11 = 17+20/200 = 0,185
- Precisão = TP/(TP+FP) = 135/(135+17) = 0,888
- Recuperação = TP/(TP+FN) = 135(135+20) = 0,870

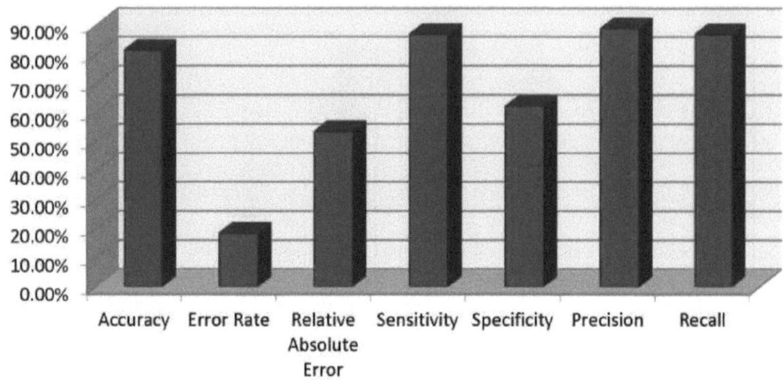

Figure 7: Gráfico ID3

Algoritmo de árvore aleatória:

A Tabela 7 mostra o resultado da verificação dos dados do comboio com a ferramenta de extração de dados WEKA utilizando a técnica da árvore aleatória e os resultados gráficos são apresentados na Figura 8.

Actual Class/Predicted Class	Result Increase	Result Decrease	Total
Result Increase	136	19	155
Result Decrease	19	26	45
Total	155	45	200

Tabela 7: Matriz de confusão que representa o resultado do algoritmo de árvore aleatória

- Sensibilidade = TP/P = 136/155 = 0,8774

- Especificidade = TN/N = 26/45 = 0,578
- Precisão = (TP+TN)/A11 = (136+26)/200 = 0,81
- Taxa de erro = (FP+FN)/A11 = 19+19/200 = 0,19
- Precisão = TP/(TP+FP) = 136/(136+19) = 0,877
- Recuperação = TP/(TP+FN) = 136(136+19) = 0,877

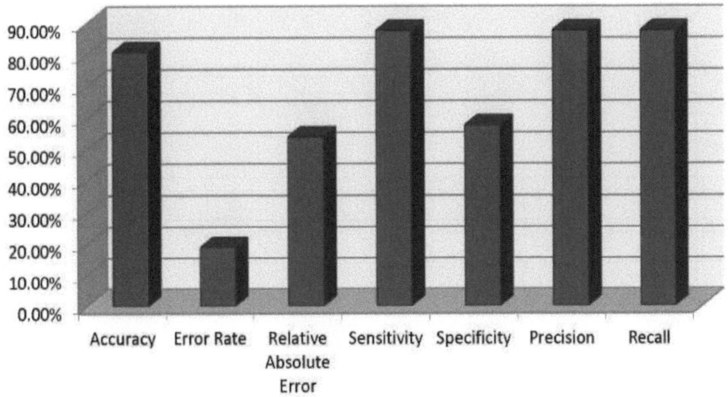

Figura 8: Diagrama de árvore aleatória

Agrupámos o nosso conjunto de dados de treino de quase 603 alunos utilizando as técnicas de agrupamento simples K-Mean, agrupamento hierárquico, agrupamento EM (minimização da expetativa) e agrupamento COWEB. A descrição destas técnicas pode ser consultada no capítulo 3. No resultado final, comparámos a precisão e a eficiência destas técnicas

Agrupamento simples K-Mean:

Attribute	Cluster 0	Cluster 1	Cluster 2	Cluster 3	Cluster 4
FS	Y	Y	N	Y	Y
PUN	Y	Y	Y	Y	Y
PW	Y	Y	Y	Y	Y
SA	Y	Y	Y	N	Y
CMP	Y	Y	Y	Y	Y
TSR	Y	Y	Y	N	N
ECA	N	N	N	N	N
BF	Y	Y	Y	Y	Y
PQ	Y	Y	N	Y	N
HF	Y	Y	Y	Y	Y
DSF	N	Y	Y	Y	Y

Tabela 8: Fragmento do conjunto de dados

SCH	Y	Y	Y	N	Y
CE	N	Y	N	N	Y
LIB	Y	Y	N	Y	Y
GRADES	Y	Y	Y	Y	N
QUIZES	Y	Y	Y	Y	Y
SEM_P	Y	Y	Y	N	Y
MS	N	Y	Y	N	N
TWT	Y	Y	Y	Y	Y
UOI	Y	Y	Y	Y	Y

Visualização de agrupamentos:

O resultado do teste dos dados de treino com a ferramenta de extração de dados WEKA, utilizando a técnica de agrupamento simples K-Mean, é apresentado em seguida.

Figura 9: Agrupamento K-Mean

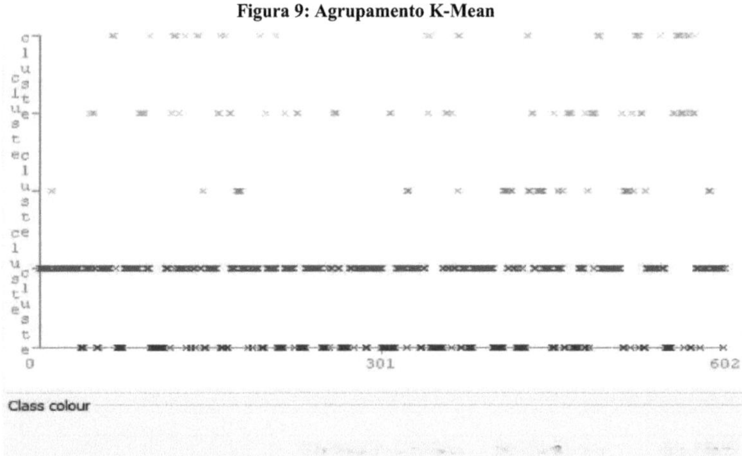

Agrupamento hierárquico:

O resultado da verificação dos dados do comboio com a ferramenta de extração de dados WEKA, utilizando a técnica de agrupamento hierárquico, é apresentado em seguida.

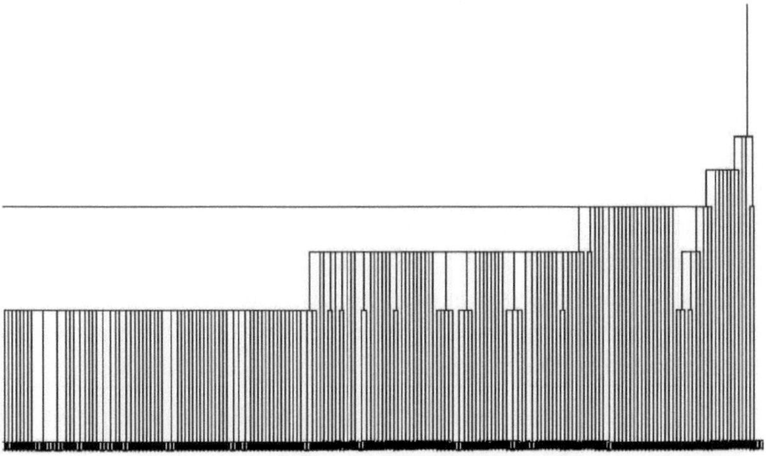

Figura 10: Agrupamento hierárquico

Método COWEB:

O resultado da verificação dos dados do comboio com a ferramenta de extração de dados WEKA, utilizando a técnica de agrupamento COWEB, é apresentado a seguir.

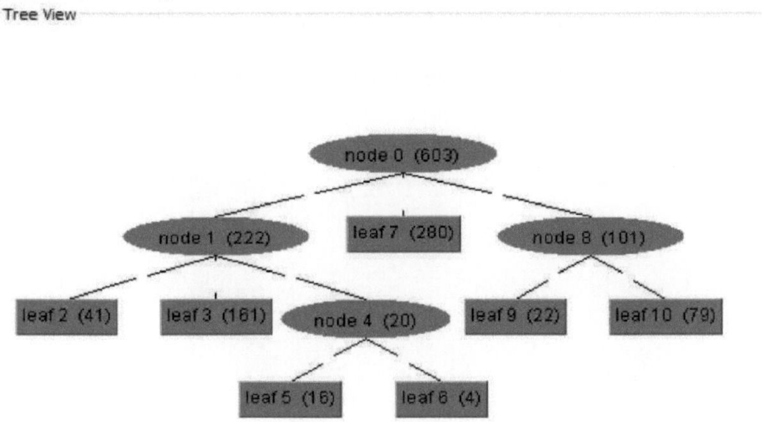

Figura 11: Agrupamento COWEB

4.3 Comparação de técnicas de classificação:

Utilizámos as cinco técnicas de classificação Naive Bayes, fd3, J48, Kstar e Random Tree para classificar o nosso conjunto de dados de treino. Primeiro, apresentámos o resultado de cada técnica separadamente e, no final, fizemos uma comparação destas cinco técnicas. O resultado da comparação é apresentado na Fig. 13. Mostra que a técnica Naive Bayes tem a taxa de precisão mais elevada de 85,5% e que a taxa de classificação incorrecta de Naive Bayes é inferior a todas as outras técnicas (quase 14,5%), o que mostra que Naive Bayes é a melhor de todas as técnicas. O quadro 8 apresenta a comparação destas cinco técnicas.

	Accuracy	Error Rate	Relative Absolute Error	Precision	Recall
Naïve Bayes	85.5%	14.5%	48.835%	0.893	0.922
ID3	81.5%	18.5%	53.48%	0.888	0.870
J48	84.5%	15.5%	51.00%	0.897	0.9032
Random Tree	81%	19%	54.2006%	0.8774	0.877
K-Star	84%	16%	53.4927	0.868	0.935

Tabela 9: Tabela de comparação das técnicas de classificação

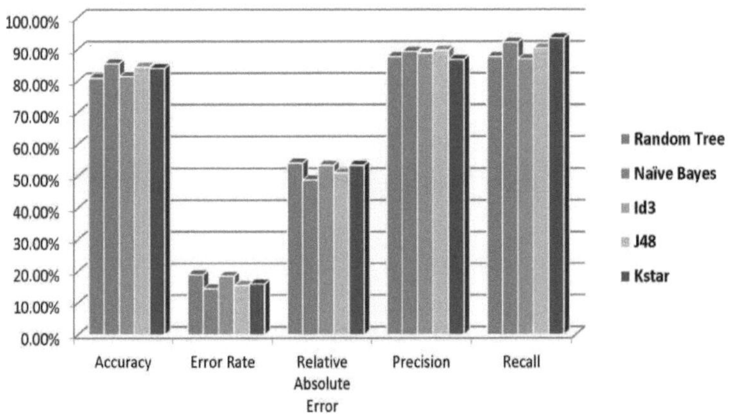

Figura 12: Diagrama de comparação das técnicas de classificação

4.4 Comparação de técnicas de agrupamento

Implementámos quatro técnicas de agrupamento, nomeadamente a técnica de agrupamento K-mean simples, a técnica de agrupamento COWEB, a técnica de agrupamento EM e a abordagem de agrupamento hierárquico, para agrupar o nosso conjunto de dados de treino. O resultado final é apresentado na tabela, que mostra que a técnica de agregação simples K-mean é fácil de implementar e proporciona um melhor desempenho de agregação do que as outras técnicas de agregação.

Clustered Instances	EM	COWEB	Hierarchal	Simple K-Mean
0	263 (44%)	41 (7%)	196(98%)	156(26%)
1	28 (5%)	161 (27%)	1 (1%)	310 (51%)
2	89 (15%)	280 (46%)	1 (1%)	36(6%)
3	68 (11%)	22 (4%)	1 (1%)	58 (10%)
4	155 (26%)	79 (13%)	1 (1%)	43 (7%)

Tabela 10: Tabela de comparação das técnicas de agrupamento

CAPÍTULO 5

CONCLUSÃO E TRABALHO FUTURO

A extração de dados (DM) diz respeito ao método crescente de extração de informações de factos educativos. A extração de dados na educação é conhecida como Extração de Dados Educacionais (EDM), que se ocupa da investigação das técnicas mais recentes para extrair informações da educação. O objetivo desta investigação era analisar o desempenho dos alunos através da recolha de vários atributos dos dados dos alunos, tais como o sexo, o CGPA, o ambiente da sala de aula (instalações básicas), as actividades extracurriculares, etc. Na classificação, utilizamos os métodos de classificação e de agrupamento com novos atributos. Explicámos as técnicas de agrupamento e classificação da extração de dados e alguns algoritmos destas técnicas e, no final, fizemos uma comparação das técnicas. Na classificação, utilizámos as cinco técnicas de classificação Naive Bayes, Id3, C4.5 e Random Tree para classificar o nosso conjunto de dados de treino. Primeiro, apresentámos os resultados de cada técnica separadamente e depois comparámos estas cinco técnicas no final. No agrupamento, implementámos quatro técnicas de agrupamento, nomeadamente a técnica de agrupamento K-mean simples, a técnica de agrupamento COWEB e a abordagem de agrupamento hierárquico para agrupar o nosso conjunto de dados de treino. Os resultados destas técnicas são apresentados sob a forma de gráficos e tabelas.

No futuro, alargaremos o conjunto de dados e utilizaremos mais algoritmos de agrupamento e classificação. Tentaremos também utilizar outras técnicas, como a extração de regras de associação, e aumentar o número de atributos. Serão utilizadas novas e melhores abordagens de extração de dados para analisar o desempenho dos alunos.

REFERÊNCIAS

Alaa el-Halees (2009) Mining Students Data to Analyse e-leaming Behaviour: A Case Study.

U. Fayadd, Piatesky, G. Shapiro, e P. Smyth, From data mining to knowledge discovery in databases, AAAI Press / The MIT Press, Massachusetts Institute OfTechnology. ISBN0-262 56097-6, 1996.

Connolly T., C. Begg e A. Strachan (1999) Database systems: A Practical Approach to Design, Implementation, and Management (3ª ed.). Harlow: Addison-Wesley.687.

Erdogan, S. Z., "Veri Madenciligive Veri Madenciliginde Kullanilan K-Means Algoritmasinin Ogrenci Veri Tabanind Uygulanmasi", Yuksek Lisans Tezi, Istanbul Universitesi, 2004.

Brijesh Kumar Baradwaj, Saurabh Pal, Data Mining: Machine Learning, Statistics and Databases, 1996.

Alaa El-Halees, Mining Students Data to Analyse Learning Behaviour: A Case Study, 2008.

K.Shanmuga Priya, A.V.Senthil Kumar, Melhorando o desempenho do aluno usando a mineração de dados educacionais, 2013.

Surjeet Kumar Yadav, Brijesh Bharadwaj e Saurabh Pal, Mining Education Data to Predict Student's Retention: A comparative Study, 2012.

Emmanuel N.ogar, "*Student Academic Performance Monitoring and evaluation using Data mining Techniques*" Department of Natural Science turks and Caicos Island Community College 2007.

Nolan J "A Prototype Application of Fuzzy logic and Expert Systems in Education Assessment" AAAI/IAAI Proceedings pp 1134-1139.1998

Dorina Kabakchieva, Universidade de Economia Nacional e Mundial, Bulgária, "*Student performance prediction by using Data mining Classification Algorithm" (Previsão do desempenho dos estudantes através da utilização de um algoritmo de classificação de extração de dados)*, revista internacional de investigação em ciências informáticas e gestão, vol. 1, número 4, novembro de 2012.

Surjeet Kumar Yadav, Saurabh Pal, "*Data Mining: A prediction for performance improvement of Engineering Students using classification"* World of Computer Science and Information Technology Journal ISSN:2221-0741 Vol 2, no 2, 51-56, 2012.

Erdogan, S. Z., "Veri Madenciligive Veri Madenciliginde Kullani lan K-

Means Algoritmas in inOgrenci Veri Tabaninda *Microbiology*, 76(12): 3863-3868.

Chapman P, Clinton J, Kerber R, Khabaza T, Reinartz T, Shearer C, Wirth R. *CRISP- DM1.0: Step-by-Step Guide to Data Mining*, 2000.

U. Fayadd, Piatesky, G. Shapiro, e P. Smyth, "From data mining to knowledge discovery in databases", AAAI Press / The MIT Press, Massachusetts Institute Of Technology. ISBN 0-262 56097-6, 1996.

U. K. Pandey, and S. Pal, "A Data Mining view on class room teaching language", (IJCSI) International Journal of Computer Science Issue, Vol. 8, Issue 2, pp. 277-282, ISSN:1694-0814, 2011.

Fahim A. M., Salem A. M., Torkey F. A. e Ramadan M. A., "An efficient enhanced κ-means clustering algorithm," Journal of Zhejiang University Science A., pp. 1626-1633, 2006

Y. Ma, B. Liu, C.K. Wong, P.S. Yu, e S.M. Lee, "Targeting the Right Students Using Data Mining", Actas da KDD, Conferência Internacional sobre Descoberta de Conhecimento e Extração de Dados, Boston, EUA, 2000, pp. 457-464.

Z. N. Khan, "Scholastic Achievement of Higher Secondary Students in Science Stream", Journal ofSocial Sciences, Vol. 1, No. 2, 2005, pp. 84-87.

S.T. Hijazi, e R. S. M. M. Naqvi, "Factors Affecting Student's Performance: A Caseof Private Colleges", Bangladesh e-Journal of Sociology, Vol. 3, No. 1, 2006.

I. H. Witten, e E. Frank, Data Mining - Practical Machine Learning Tools and Techniques (2ªed.), São Francisco, CA: Morgan KaufmannPublisher, 2005.

Q. A. AI-Radaideh, E. M. AI-Shawakfa, e M. I. AI Najjar, "Mining Student Data using Decision Trees", Conferência Internacional Árabe sobre Tecnologias da Informação (ACIT'2006), Universidade de Yarmouk, Jordânia, 2006.

Luo, L., Liu, W., Koprinska, I., e Chen, F., 2015. Discrimination-Aware Association Rule Mining for Unbiased Data Analytics. TR700, Escola de Tecnologias da Informação, Universidade de Sydney.

W. Hamalainen, "Descriptive and Predictive Modelling Techniques for Educational Technology", Dissertação do Departamento de Informática, Universidade de Joensuu, Finlândia.

H. Zhang, L. Jiang, J. Su, "Hidden naive Bayes", Associação Americana para

a Inteligência Artificial. AAAI PP. 919-924, 2005.
S. B. Kotsiantis e P. E. Pintelas, "Local voting of weak classifiers", KES Journal. 3(9):pp. 239-248, 2005.
S. B. Kotsiantis, C. J. Pierrakeas, and P. E. Pintelas, "Preventing student dropout in distance learning using machine learning techniques", In proceedings of 7th International Conference on Knowledge-Based Intelligent Information and Engineering Systems (KES 2003), pp. 267-274, 2003. ISBN 3-540-40803-7.
Corbett, A.T. & Anderson, J.R. (1995) Knowledge tracing: Modelling the acquisition of procedural knowledge. *Use Modelling and User-Adapted Interaction*, 4(4):253- 278.
Aleven, V., McLaren, B., Roll, I., & Koedinger, K. (2006).Toward meta-cognitive tutoring: A model of help-seeking with a cognitive tutor. *Revista Internacional de Inteligência Artificial e Educação*, 16101-128.
Kortemeyer, G., Bauer, W., Kashy, D. A., Kashy, E., & Speier, C. , "The Learning Online Network with CAPA Initiative", *Actas da conferência Frontiers in Education,* 2001. Ver também: http://www.lon-capa.org.
Kashy, D. A., Albertelli, G., Ashkenazi, G., Kashy E. Ng, H. K., & Thoennessen, M., "Individualised interactive exercises: A promising role for network technology", *Actas da conferência Frontiers in Education,* 2001.
Witten, I.H. & Frank E. (2000), Data Mining - Practical Machine Learning Tools andTechniques, Segunda Edição, Morgan Kaufmann, São Francisco.
Minaei-Bidgoli, B., Punch, W.F. (2003), Using Genetic Algorithms for Data Mining Optimisation in an Educational Web-based System, GECCO 2003 Genetic and Evolutionary Computation Conference, Chicago, pp. 2252-2263.
Klosgen, W. & Zytkow, J. (2002), Handbook of data mining and knowledge discovery, Oxford University Press, Nova Iorque.
D. L. Butler e P. H. Winne. Feedback and self-regulated learning: A theoretical synthesis. Review of educational research, 65(3):245{281, 1995.
B. J. Zimmerman. Self-directed learning and academic achievement: An overview. Educational Psychologist, 25(1):3{17, 1990.
J. Hattie e H. Timperley. The power of feedback. Review of educational research, 77(1):81{112, 2007.
Sauchila B, K. Rajeswari, "*Predicting students performance using education data mining" (Prever o desempenho dos alunos utilizando a extração de*

dados no domínio da educação), Revista Internacional de Informática e Computação Móvel (IJCSMC), Vol 2, issue .7, pg 273-279 ,julho de 2013.

K. Patriarcheas, M. Xenos, Modelling of distance education forum: formal languages as interpretation methodology of messages in asynchronous text based discussion, Computers and Education 52 (2) (2009) 438-448.

Q. Guo, M. Zhang, Implementar ambiente de aprendizagem na Web com base na extração de dados, Knowledge-Based Systems 22 (6) (2009) 439-442.

N. Littlestone, M. Warmuth, The weighted majority algorithm, Information and Computation 108 (2) (1994) 212-261

Jiawei Han, Micheline Kamber, Data Mining: Concepts and Techniques, 2ª edição, 2006.

Brijesh Kumar Baradwaj, Saurabh Pal, Data Mining: Machine Learning, Statistics and Databases, 1996.

Jang, J.-S. R., Sun, C.-T., Mizutani, E., "NeuroFuzzy and Soft Computing - A Computational Approach to Learning and Machine Intelligence", Prentice Hall.

Índice

MIX
Papier aus verantwortungsvollen Quellen
Paper from responsible sources
FSC® C105338

Printed by Books on Demand GmbH, Norderstedt / Germany